O LEQUE

O LEQUE

Dora Ferreira da Silva

IMS
INSTITUTO MOREIRA SALLES

APRESENTAÇÃO

Antonio Fernando De Franceschi

O que revela este leque
ao desdobrar-se?
O que oculta?
Iluminado frêmito,
instrumento sutil:
o leque e sua aragem
refrescam em dança o rosto afogueado
e o oferece. No sim-não
do perpassar que desvela
e furta, em gesto náufrago,
o perfil da beleza.
O que eu daria
para ser leque em suas mãos?
Pulso em movimento, música,
sob olhos atentos esperando
o que não sabem: encanto de ser brisa
no branco de seu colo.

Na paráfrase acima, a título de introdução,
tomei como minhas, quase literalmente,
as palavras da poeta, recortadas
dos dez breves instantes desta suíte,
que a um só tempo é dança e melodia,
gesto e repouso, enigma e clareza.
Ou, direto ao ponto: a sutil, inefável maravilha
da grande poesia.

Com a publicação de *O leque*,
o Instituto Moreira Salles oferece ao leitor
o primeiro dos três últimos conjuntos de poemas
inéditos deixados por Dora Ferreira da Silva (1918-2006).
Virão a seguir, em 2008, a série *Appassionata*,
com a qual se pretende comemorar os 90 anos da
poeta, e, finalmente, *Transpoemas*, em 2009.

O LEQUE
(VARIAÇÕES)

Linha oblíqua

oculta desoculta

o instante breve

cores exalta

do negro ao escarlate.

Ela e o leque: a aragem esconde

em poço de sombra

a curva do pescoço

o colo branco.

II

Gesto náufrago

desvela o perfil da beleza

(o leque imita o vento)

e um seio acaricia

no seu perpassar.

III

Silabário da alma
longe leva asas vôo
sem nada revelar
do sopro.
É um calado dizer
do mínimo ou nada
no todo encantador
do mistério.

IV

Sublinham os olhos

o leve movimento

do leque. Como que anunciam

início e algo terminado.

Os dedos: promessa

ao jovem atento

esperando o que não sabe

do iluminado frêmito.

v

O sim-não do leque
rabisca sobre a face
algo que desaparece
com o sorriso.
Iluminura de renda
instrumento sutil
e sua música.

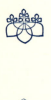

VI

Flores emergem de frisas.

Colos e frutas fremem

róseos morenos –

uma dança graciosa

expulsa o calor. Brisa

aromática invade o teatro

sabor doce nas gargantas.

A Rainha da Noite sobe em

seu barco

até às estrelas.

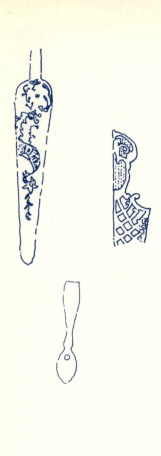

VII

O que eu daria

para ser leque em suas mãos.

O que eu seria – trêmula pérola

junto a um coração.

A aragem me levaria

a Mozart engastado a Mozart

nessa emoção. O espaço:

separando sonho e música.

O leque – ladrão sutil –

deixando-me apenas

um vago perfil.

VIII

O leque se desdobra

junto à face.

E dança desenhando os traços

no ir e vir de sua pretensão:

ser brisa. Fora, a noite.

Dentro: o teatro se ilumina.

IX

O que dizem se o sorriso
oculta as palavras
e o leque o sorriso?
Mãos dançarinas
agitam o ar
presas ao leque.

Quem imagina
um desenho seguro
de perfis aéreos
sempre inacabados?

X

O leque pousado

no abandono.

Ao lado ela dorme calma

e nem sonhar parece.

O leque imóvel: um deus

do instante

negro-cintilante.

Agradecimentos

Miriam Mamber, Stylianos Tsirakis,
e, muito especialmente,
Inês Ferreira da Silva Bianchi e
Luís Vicente Ferreira da Silva

Copyright © 2007 by Família Dora Ferreira da Silva

projeto gráfico
Kiko Farkas/Máquina Estúdio

ilustrações
Elisa Cardoso/ Máquina Estúdio

impressão
Aquarela

INSTITUTO MOREIRA SALLES

www.ims.com.br